De

Para

Com votos de paz.

/   /

Ilustrações Hu Produções

Minha amiga Joanna de Ângelis

ASSOCIAÇÃO BRASILEIRA DE
DIREITOS REPROGRÁFICOS

EDITORA LEAL

SALVADOR

1. ed. – 2022

©(2016) Centro Espírita Caminho da Redenção – Salvador, BA.
1. ed. (1ª reimpressão) – 2022
1.000 exemplares (milheiro: 6.000)

Revisão: Lívia Maria Costa Sousa
Ilustração: Hu Produções
Capa: Luis Hu Rivas
Coordenação editorial: Lívia Maria Costa Sousa
Produção gráfica:

LIVRARIA ESPÍRITA ALVORADA EDITORA
Telefone: (71) 3409-8312/13 – Salvador – BA
Homepage: www.mansaodocaminho.com.br
E-mail: <leal@cecr.com.br>

Dados Internacionais de Catalogação na Publicação (CIP)
(Catalogação na fonte)
BIBLIOTECA JOANNA DE ÂNGELIS

R618   RIVAS, Luis
          Joanna de Ângelis para crianças. 1. ed. / Por Luis Hu Rivas, ilustração
       por Hu Produções. Salvador: LEAL, 2022.
          24 p.
          ISBN: 978-85-8266-152-9
          1. Literatura infantil 2. Espiritismo 3. Joanna de Ângelis [Espírito]
          4. Divaldo Franco I. Rivas, Luis Hu II. Título

                                                                      CDD: 028.5

Maria Suely de Castro Martins – Bibliotecária – CRB-5/509

Impresso no Brasil
Presita en Brazilo

Era uma vez uma linda menininha chamada Joanna de Ângelis. Ao longo do tempo, ela teve muitas vidas na Terra. Em cada reencarnação, conhecia pessoas muito importantes, e com elas vivia aventuras surpreendentes. Assim, aprendia sempre novos ensinamentos de amor.

Vamos colorir.

Venham conhecer lições do bem!

(Século I)

Joana de Cusa

Há muito tempo, Joanna de Ângelis viveu na Palestina. Ela morava no mesmo lugar onde viveu Jesus, e foi com Ele que aprendeu as lições do Evangelho. Nessa encarnação seu nome foi Joana de Cusa.

Vamos encontrar, os ensinamentos que Joana aprendeu do Evangelho?

Caridade Amor Fé Humildade
Paz Pureza Verdade Bondade

S	E	D	A	D	I	R	A	C	H	O
I	O	F	I	U	D	A	S	E	U	T
E	S	E	P	P	O	T	I	P	M	N
D	U	A	U	P	P	L	G	O	I	E
A	M	O	R	N	I	O	D	C	L	N
D	T	A	E	I	S	V	D	A	D	C
N	O	V	Z	M	R	E	A	S	A	A
O	D	P	A	Z	P	R	I	A	D	E
B	A	E	A	I	Z	I	V	O	E	A
O	V	E	R	D	A	D	E	T	N	R
D	X	U	N	O	N	O	A	R	J	E

Clara de Assis

Tempo depois, Joanna de Ângelis viveu na Itália, no mesmo lugar onde viveu Francisco de Assis. Juntos cuidavam dos doentes e dos bichinhos da natureza. Nessa encarnação seu nome foi Clara de Assis.

(Assis, 16 de julho de 1194 — 11 de agosto de 1253)

Você consegue completar o desenho?

Francisco, irmão sol!

Ligue os pontinhos e descubra os novos amiguinhos de Clara e Francisco.

Clara, irmã lua!

9

Sóror Juana

Joanna de Ângelis também viveu no México, e nessa encarnação seu nome era Juana. Ela tornou-se uma freira muito inteligente, gostava sempre de estudar e escrever belos poemas. Ficou conhecida por todos como Sóror Juana Inés de la Cruz.

(San Miguel Nepantla, 12 de novembro de 1651 — Cidade do México, 17 de abril de 1695)

Use as letras de cada símbolo e descubra a frase traduzida.

Yo no estudio para saber más, sinó, para ignorar menos.

A B C D E F G H I J

K L M N O P R S T U

Sóror Juana Inés de la Cruz.

10

Joana Angélica

Joanna de Ângelis na sua última encarnação, viveu no estado da Bahia, na época da independência do Brasil. Ela foi muito corajosa, defendeu as suas amigas freiras dos invasores portugueses e tornou-se a heroína Joana Angélica.

(Salvador, 12 de dezembro de 1761 — 19 de fevereiro de 1822)

Descubra o desenho idêntico a imagem superior e marque no círculo.

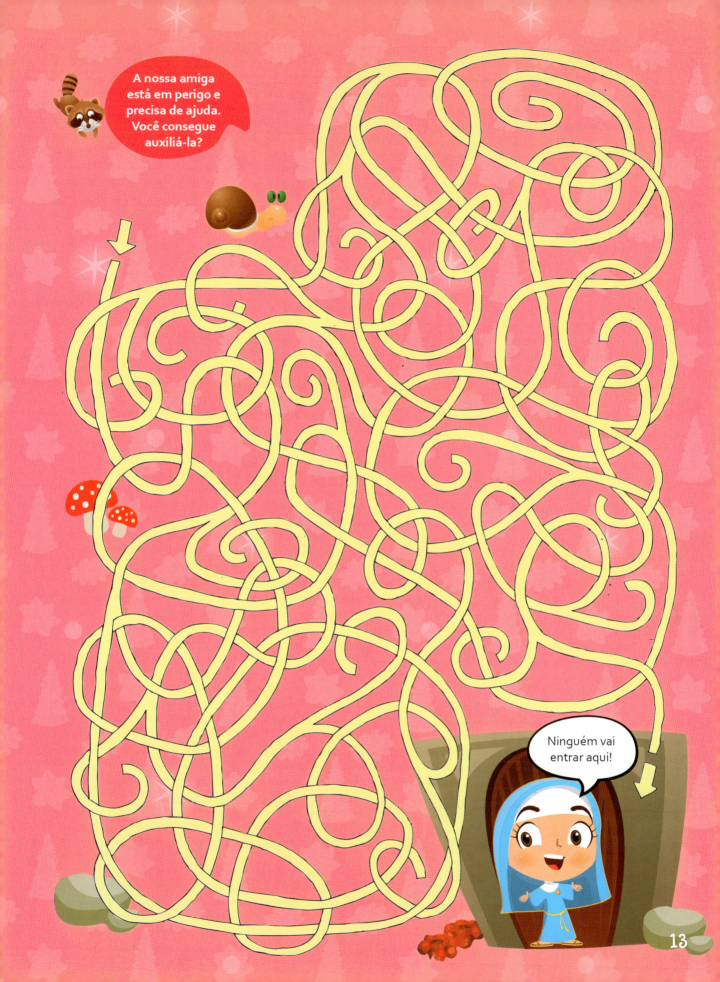

Um Espírito Amigo

Como espírito, Joanna de Ângelis esteve na França, no mesmo lugar onde Allan Kardec vivia. E quando foi publicado o livro *O Evangelho segundo o Espiritismo*, Joanna enviou uma mensagem sobre a paciência, usando o nome de: Um Espírito Amigo.

(Havre, 1862)

Com muita paciência, ache a sombra correta e marque no círculo.

A dor é uma benção que Deus envia aos seus eleitos.

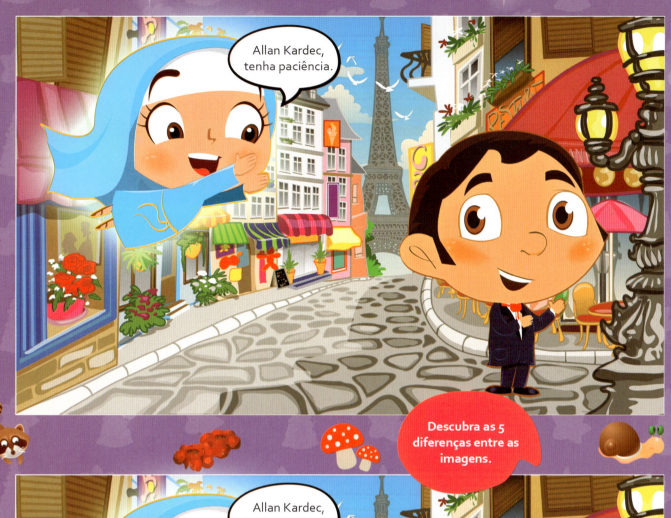

Descubra as 5 diferenças entre as imagens.

15

Joanna de Ângelis

(Salvador, século XX)

De volta ao Brasil, ainda como Espírito, Joanna tornou-se o "anjinho da guarda" do médium Divaldo Franco. Por seu intermédio, ela escreveu diversos livros de psicologia e lições de amor. Assim, seu nome ficou conhecido como Joanna de Ângelis.

Vou escrever livros de psicologia.
Consegue completar o desenho?

Joaninha

Joanna de Ângelis gosta muito de crianças, e deu a ideia de criar um lugar para educá-las na Bahia, esse local foi chamado de Mansão do Caminho.
Um dia, retornará à Terra, juntamente com outros amigos de luz, deixando o nosso planeta feliz e melhor.

(Século XXI)

Vamos praticar com Joanna os bons hábitos! Complete o texto.

_ _ _ R _ _ _
C _ _ _ _

F _ _ _ _ _
_ _ M _ _ _ _ _ _

L _ _ _ _ _ _ _
_ Ã _ _

E _ _ _ _ _ _ _
_ _ _ _ N _ _ _

E _ _ _ _ _ _

_ _ M _ _ _

A _ _ _ _ _ _

D _ _ _ _ _ _
_ _ D _

T _ _ _ _ _
_ _ N _ _

Ao longo dos séculos, Joanna de Ângelis teve muitos bons amigos. Agora ela nos traz suas lições de amor adquiridas em todas suas existências. Você consegue lembrar-se dos amigos de Joanna?

Cada desenho deve aparecer em apenas uma coluna.

Combine com os campos corretos da grade.

Vamos colorir!

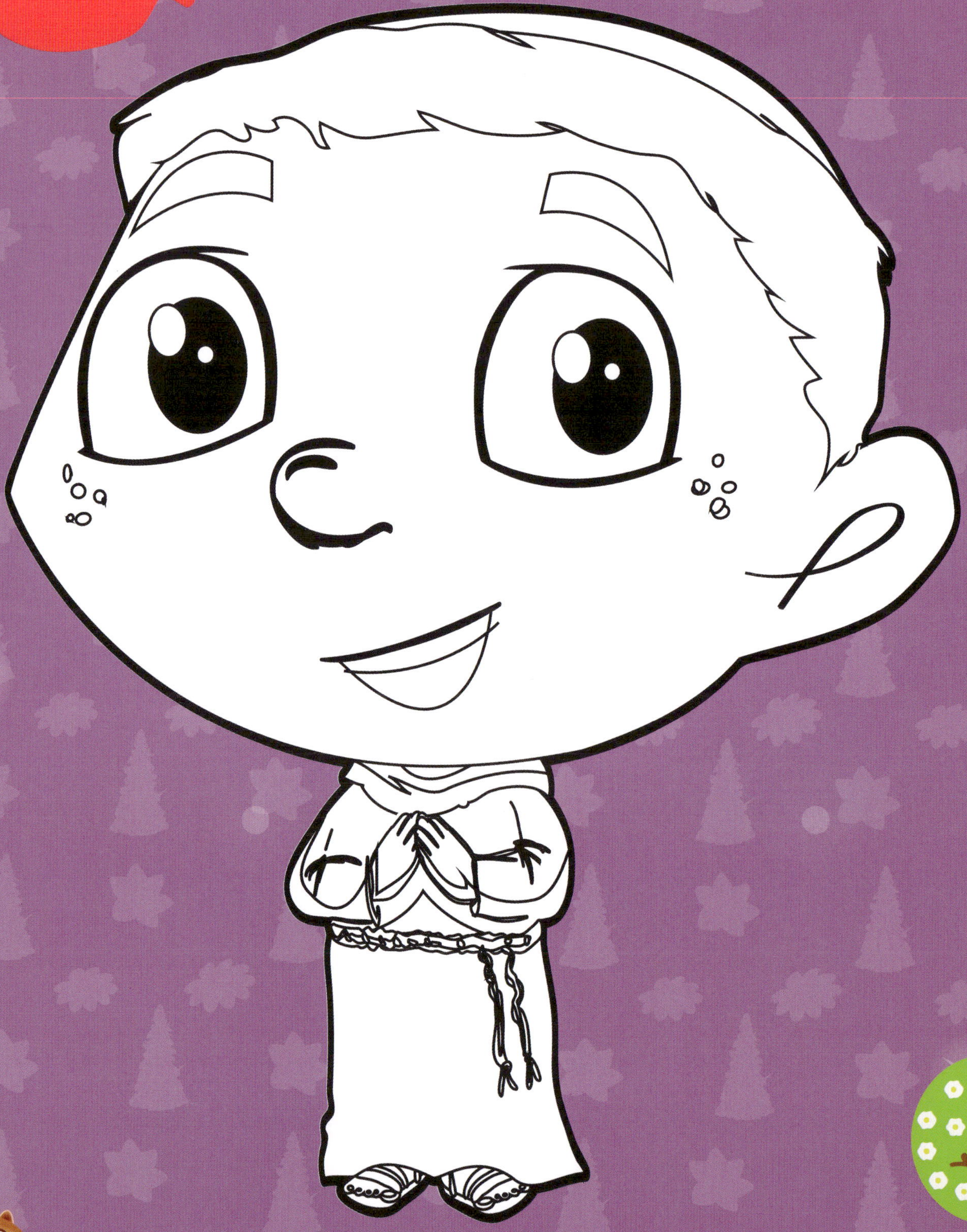

Vamos colorir!

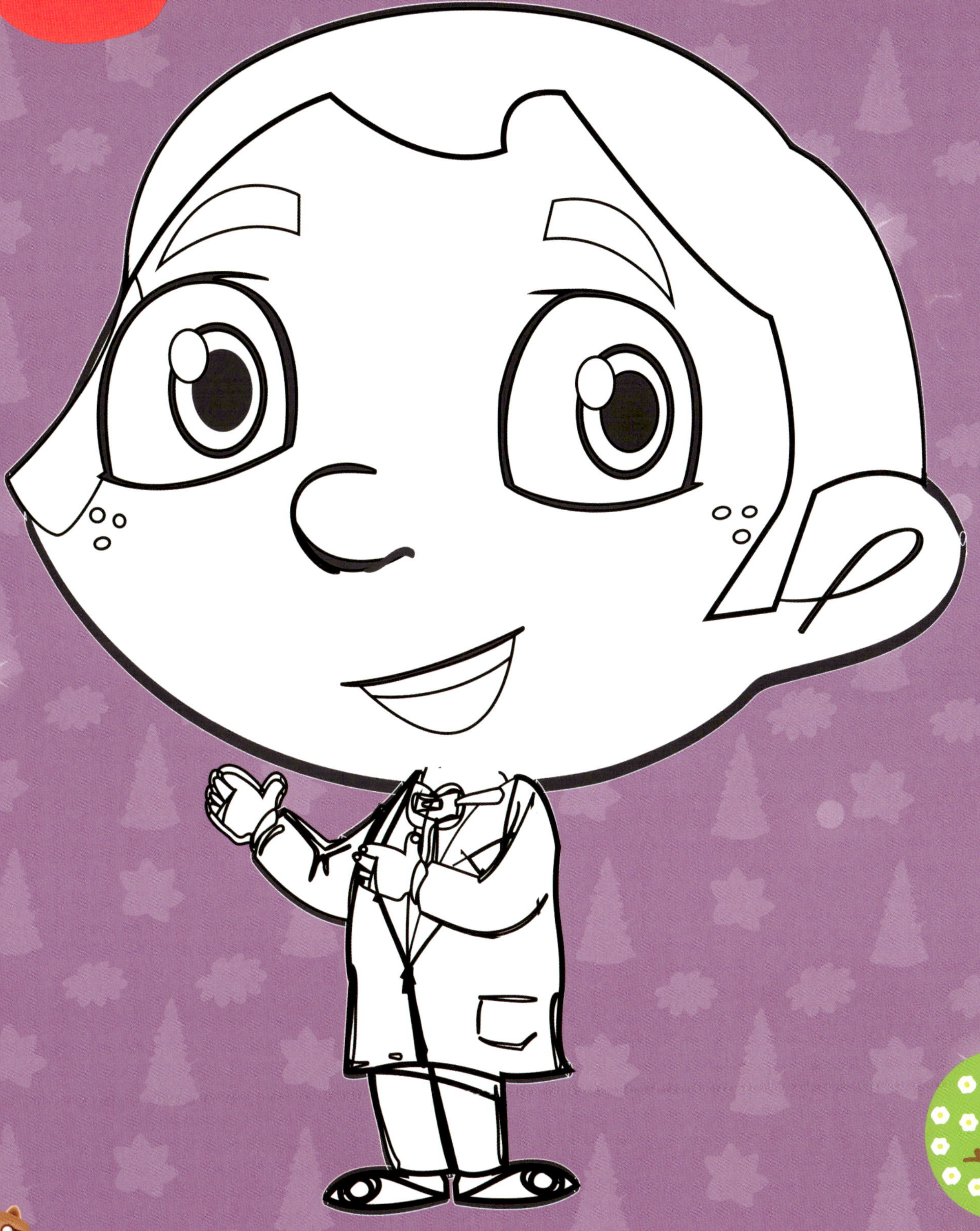

Vamos colorir!

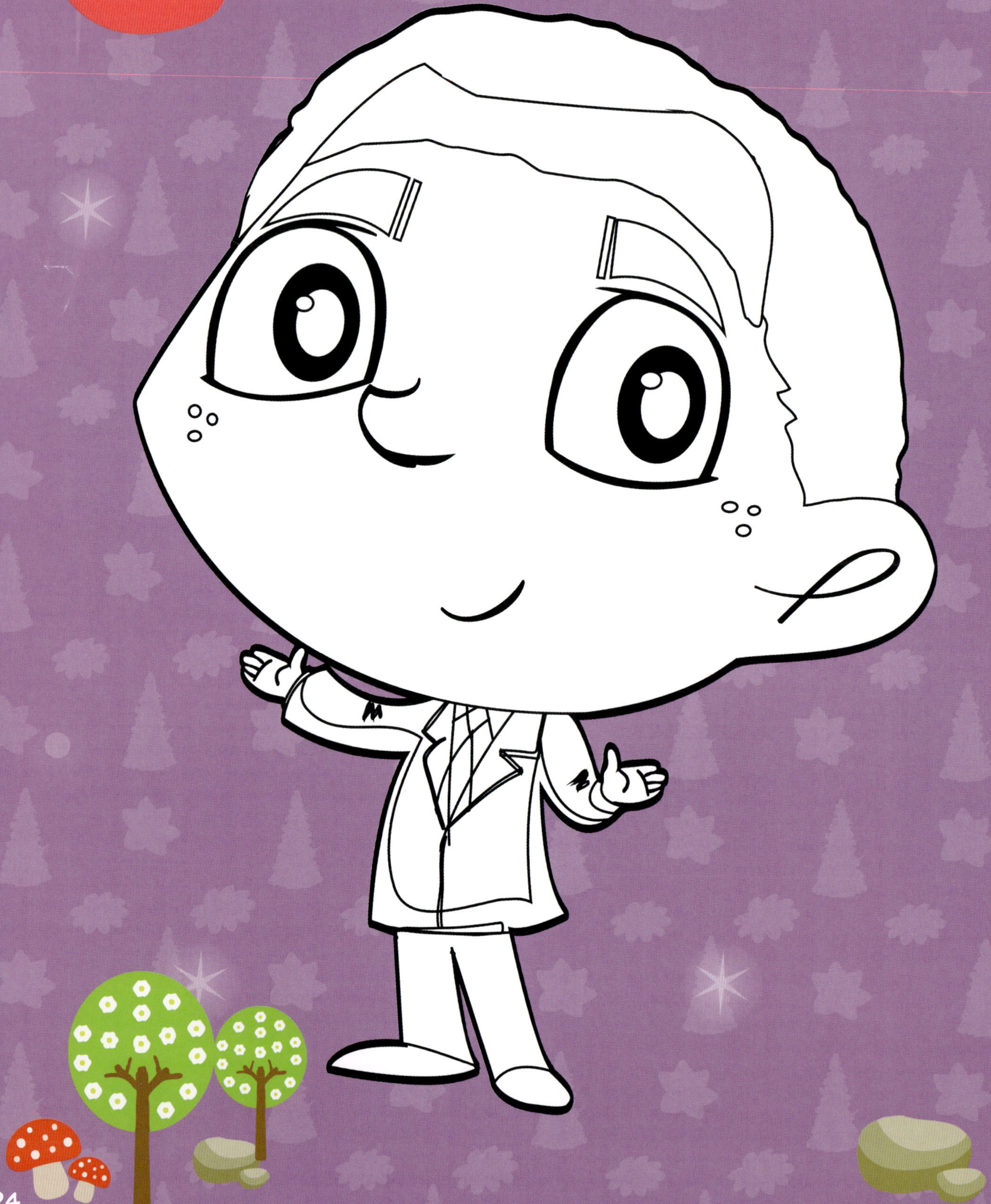